인물로 시작하는 한국사 첫걸음

저물어 가는 조선, 두 개의 그림자

이규희 글 원유미 그림

스푼북

 작가의 말

치열하게 대립한 두 명의 지도자

저는 어릴 때부터 역사를 좋아했어요. 단군 신화부터 고구려, 백제, 신라를 거쳐 고려, 조선, 대한 제국, 오늘날 대한민국까지의 역사가 마치 《아라비안나이트》에서 셰에라자드 왕비가 들려주는 옛이야기처럼 재미있었거든요.

하지만 모든 역사가 재미있는 건 아니었어요. 때로는 눈물이 날 만큼 슬프고, 안타깝고, 가슴이 터질 듯 속상할 때도 있었어요. 우리나라가 일본, 중국, 러시아의 간섭을 받기 시작하고, 미국, 영국, 프랑스 등 서양 세력들과 불공평한 수교를 하던 조선 말기의 역사가 특히 그랬어요.

바로 조선 제26대 임금이자 대한 제국의 황제인 고종 황제와 명성 황후, 흥선 대원군의 시대예요.

어린 나이에 임금의 자리에 오른 고종과 어린 아들 대신 나랏일을 맡은 흥선 대원군, 고종의 왕비가 된 명성 황후. 이 세 사람은 여러 나라가 조선을 압박하는 혼란스러운 상황에서 나라를 위해 어떤 선택을 내렸을까요? 흥선 대원군은 서양 여러 나라들에 아직은 나라의 문을 열어서는 안 된다고 주장했어요. 명성 황후는 일본처럼 서양의 문물을 받아들여 조선을 강하게 만들어야만 한다고 생각했지요. 결국 두 사람은 치열하게 대립

합니다.

  그러는 사이에 임오군란, 갑신정변, 청일 전쟁, 동학 농민 운동 등 굵직한 역사적 사건들이 줄지어 일어났어요. 흥선 대원군과 명성 황후는 여전히 서로 등을 돌린 채 자기 생각이 옳다고 주장하고 있었지요.

  흥선 대원군과 명성 황후가 나라를 위해 힘을 합쳤다면 얼마나 좋았을까요? 만약 그랬더라면 외교권을 빼앗긴 을사늑약도, 나라를 송두리째 빼앗긴 한일 병합도 일어나지 않았을지 몰라요.

  이 책을 통해 흥선 대원군과 명성 황후를 깊이 만나 보고, 중요한 역사적 순간들마다 여러분이었다면 어떻게 했을지 생각해 보는 시간이 되길 바라요.

동화 작가 이규희

차례

서로 다른 길을 선택한 두 지도자
흥선 대원군과 명성 황후 … 6

조선에 드리운 그림자

쫓겨 가는 중전 민씨

갑신정변이 일어나다

새야 새야 파랑새야

여우 사냥

타오르는 불길

인물의 발자취를 찾아 떠나는 여행 … 86

인물 연표 … 96

찾아보기 … 98

서로 다른 길을 선택한 두 지도자

흥선 대원군과 명성 황후

조선에 드리운 그림자

찬 바람이 궁궐 안으로 파고드는 겨울 아침이었다.

"이제부터 전하께서 직접 나랏일을 돌보시니 신하들과 백성들도 더 마음을 놓을 듯합니다."

고종과 함께 따뜻한 차를 마시던 중전 민씨는 환한 얼굴로 말했다. 1863년 겨울, 고종은 열한 살의 나이로 조선의 제26대 임금의 자리에 올랐다. 어린 나이에 왕이 된 고종을 대신해 아버지인 흥선 대원군*이 10년 동안 나라를 다스렸다.

"이제 주상 전하에게 나랏일을 맡기셔야 합니다."

여러 신하들이 상소**를 올린 끝에 대원군이 마지못해 모든 자리에서 물러났고 고종이 직접 나랏일을 돌보기 시작했다.

"하지만 중전, 나 혼자 이 나라를 잘 다스릴 수 있을지 두렵기도 하오."

고종은 걱정스레 말했다.

* 대원군: 조선 시대에 왕에게 자손이나 형제가 없어 왕족 가문 중 한 사람이 왕위를 이어받았을 때 새 왕의 아버지를 이르는 말.
** 상소: 신하들이 나랏일과 관련해 임금에게 글을 올리던 일. 또는 그 글.

"전하, 그동안 대원군께서는 왕실의 권위를 세우는 정책을 펼치셨습니다. 하지만 경복궁을 고쳐 짓는다며 백성들을 공사에 동원해 일을 시키고 세금까지 무리하게 거둬들여 결국 백성들의 불만을 사지 않았습니까? 이제 백성들의 마음이 대원군을 떠나 전하께로 향하니, 부디 마음을 굳건히 하십시오."

중전은 고종에게 용기를 북돋워 주었다.

"전하, 대원군처럼 나라의 문을 걸어 잠가서는 안 됩니다. 서양 문물을 일찍 받아들인 일본이 하루가 다르게 그 힘을 키워 가는 걸 보십시오. 조선이 강해지려면 다른 나라들과 교류하며 그들의 발전된 기술과 문화를 받아들여야 합니다."

"중전의 말이 맞소. 언제까지 우물 안 개구리처럼 살 순 없으니 말이오……."

그동안 흥선 대원군은 조선 앞바다에 나타나 수교*를 요구하는 서양의 배들을 쫓아낸 것은 물론, 서양과는 가깝게 지내지 않겠다는 뜻을 알리기 위해 나라 곳곳에 척화비를 세웠다. 척화비는 '침범하는 서양 세력과는 사이좋게 지낼 수 없다.'는 뜻을 새긴 비석이었

* 수교: 나라와 나라가 서로 사귀어 가까이 지냄.

다. 흥선 대원군은 서양 오랑캐들은 조선 땅에 들어올 수 없으며, 그들과 사이좋게 지내자고 주장하는 사람들 역시 나라를 팔아먹는 것으로 여기겠다는 뜻을 척화비에 적었다.

하지만 고종의 생각은 달랐다. 고종은 세상을 내다보는 눈이 넓고 예리한 중전 민씨를 믿음직한 눈빛으로 바라보았다.

'다시는 대원군이 나랏일에 나서지 못하도록 내가 전하께 힘이 되어 드릴 것이다.'

중전 민씨는 권력을 쥐고 기세등등하던 대원군을 떠올리며 다짐했다. 중전 민씨는 자신의 권력을 강화하기 위해 오빠 민승호와 민겸호, 민규호 등 가까운 사람들에게 높은 벼슬자리를 내주었다.

그렇게 고종이 나랏일을 직접 돌보기 시작한 이듬해, 상궁 하나가 허둥지둥 중전에게 달려왔다.

"주, 중전마마, 크, 큰일 났사옵니다. 지, 지금……."

상궁은 벌벌 떨며 말했다. 왕비의 오빠인 민승호가 집으로 배달된 소포를 열었다가 그 안에 든 폭발물이 터져 가족들이 죽었다는 날벼락 같은 소식이었다.

"당장 누구의 짓인지 알아내거라!"

중전 민씨는 슬픔과 분노에 떨며 명령했다. 얼마 뒤, 소포를 배달한 사람을 잡았지만 그는 좀처럼 입을 열지 않았다. 그 일을 벌인 사람이 흥선 대원군이라는 소문만 나돌았다.

"정말로 대원군이 그런 일을 꾸몄단 말인가?"

중전 민씨는 문득 그해 봄에 경복궁에서 불이 났던 일을 떠올렸다. 대비*의 침전에서 시작된 불길은 눈 깜짝할 사이에 주변 건물들까지 태워 버렸다. 결국 고종과 중전 민씨는 창덕궁으로 거처를 옮겼다.

"이 모든 건 대원군과 대원군을 다시 궁궐로 불러오려는 사람들의 짓이다!"

화가 난 고종은 대원군을 따르는 사람들을 잡아들여 벌을 주었다. 그런데 이번에는 폭약이 터져 중전의 친정 식구들이 화를 당한 것이다. 중전 민씨는 이 사건도 대원군이 꾸민 일이라 생각했다.

"어떻게 이러실 수 있습니까? 자신에게 방해가 된다고 그리 끔찍한 일을 벌이시다니요! 하지만 저는 물러서지 않을 것입니다. 저는 끝까지 전하의 옆에서 전하를 도울 것입니다."

왕비는 입술을 깨물며 다짐했다.

* 대비: 임금의 어머니.

1875년 9월 20일.

"뭐라? 일본 군함이 강화도 앞바다에 허락도 없이 들어왔다고? 그, 그래서 어찌하였다더냐?"

고종이 크게 놀라 물었다.

"놀란 조선 수군이 다가오는 일본 배에 경고하려고 대포를 쏘았습니다. 그러자 일본군은 무자비하게 폭격을 퍼부으며 공격해 왔고, 조선 수군이 포를 쏘며 맞섰지만 포의 거리가 짧고 화력이 약해 당해 낼 수가 없었다 합니다."

신하가 소식을 아뢰었다.

"그놈들이 기어이!"

고종은 두 주먹을 불끈 쥔 채 한숨을 내쉬었다.

"전하, 저들이 조선 수군이 약하다는 걸 알아챘으니 큰 걱정입니다.

만약 이 일을 문제 삼으려 한다면 어찌해야 할까요?"

중전 민씨의 예상대로 일본은 이 사건을 핑계로 여러 척의 군함을 이끌고 다시 조선으로 들어왔다.

"우리는 단지 중국으로 가는 길에 목이 말라 물을 달라고 하였을 뿐이다. 그런데 너희 조선군이 먼저 포를 쏘아 우리 배에 피해를 입혔으니 그 손해를 배상하라! 만약 우리 일본과 수교하지 않으면 조선을 침략하겠다!"

일본은 뻔뻔스럽게 거짓말을 하며 조선을 위협했다.

조정의 신하들은 다투어 의견을 내놓았다.

"전하, 절대로 그들의 요구를 들어주면 안 됩니다!"

"수교를 하지 않으면 그들은 우리 조선을 쑥대밭으로 만들 것입니다. 일본은 이미 최신 무기를 갖춘 전함을 여럿 가지고 있습니다."

"우리 조선군은 낡은 대포와 화승총*뿐이라 지금 전쟁을 하면 우리가 질 게 뻔합니다. 그러니 일본과 수교를 맺어야 합니다."

뾰족한 대책이 없던 조선은 결국 강화도 연무당에서 일본과 강화도 조약을 맺었다.

* 화승총: 노끈에 불을 붙여 터지게 만든 구식 총.

　　조약의 내용은 조선의 항구 세 곳을 열고, 일본이 조선의 해안을 조사하도록 허락하고, 조선에서 일본인이 죄를 지어도 조선의 법에 따르지 않는다는 등 모두 조선에 불리한 것뿐이었다.
　　'차츰 나라의 문을 열어 다른 나라들과 교류하며 조선의 힘을 기르려 했건만…….'
　　고종은 뜻하지 않은 사건으로 일본의 요구를 들어주어야만 하는 상황에 분노했다.
　　그 후 일본은 마치 제 나라를 드나들 듯 조선으로 들어왔다. 일본에서 만든 비누, 등유, 성냥, 세탁 세제, 화장품 등을 마구 조선으로

17

들여와 팔았다. 그리고 그런 물품을 팔아서 번 돈으로 조선에서 질 좋은 쌀을 대량으로 사 가지고 갔다.

"요즘 쌀값이 왜 이렇게 많이 올랐지?"

"그게 다 일본 사람들이 사 가서 그런 거라네. 우리 같이 가난한 조선 사람들은 이제 쌀밥 구경도 못 하게 생겼어."

백성들은 너도나도 투덜거렸다.

쫓겨 가는 중전 민씨

그즈음 운현궁*에서 지내던 대원군은 생각할수록 화가 치밀었다. 마음을 가라앉히려고 시를 짓고 그림을 그려 봐도 소용없었다.

"당당히 힘을 길러 외세에 맞설 수 있을 때까지 기다려야 하거늘, 벌써 일본과 불공평한 조약을 맺다니!"

대원군은 그 모든 게 다 중전과 민씨들 때문이라고 생각했다.

그사이 고종은 다른 나라의 발달된 문화와 제도를 받아들이기 위

---

* 운현궁: 흥선 대원군의 집으로 고종이 즉위하기 전까지 살던 곳. 고종이 즉위하면서 궁으로 불리게 되었다.

해 '통리기무아문'이라는 새로운 기구를 만들고, 김윤식, 김홍집, 김옥균, 홍영식 등 개화* 세력들에게 벼슬자리를 내주었다. 또한 일본과 청에 각각 사신단을 보내 조선보다 앞서 서양의 문물을 받아 들이고 있는 모습을 살피고 근대적 기술을 배워 오도록 했다.

이런 과정에서 신식 군대인 별기군도 만들어졌다. 별기군은 일본인 교관의 지시에 따라 근대식 군사 훈련을 했다. 그런데 별기군의 총책임자이자 중전 민씨의 오빠인 민겸호가 별기군과 기존 군인들을 차별하기 시작했다.

"아니, 똑같은 조선 군사들인데 왜 우릴 차별하는 거지?"

구식 군인들은 새 옷과 새 무기를 받은 별기군을 보며 투덜거렸다.

"우린 열세 달째 월급을 못 받았는데 저들은 매달 꼬박꼬박 받았다고 하더군."

"대원군이 나라를 다스릴 때는 이런 일이 없었는데……."

구식 군인들은 모이기만 하면 불평을 쏟아 냈다.

그러던 1882년 여름, 어느 날이었다.

"드디어 밀린 월급 중에서 우선 한 달 치 쌀을 준다네."

* 개화: 다른 나라의 더 발전된 문화와 제도를 받아들여 과거의 생각이나 문화, 제도 등을 발전시켜 나가는 것.

"오늘만큼은 우리 애들한테 쌀밥을 배불리 먹일 수 있겠구먼."

구식 군인들은 모처럼 들뜬 얼굴로 쌀을 받으러 몰려갔다. 하지만 쌀을 받은 구식 군인들의 표정이 일그러졌다.

"아니, 모래와 겨*가 잔뜩 섞여 쌀은 절반밖에 안되는 걸 사람 먹으라고 준 게야?"

* 겨: 벼나 보리 등 곡식을 찧어 벗겨 낸 껍질을 이르는 말.

"별기군들은 꼬박꼬박 질 좋은 쌀을 주면서 우리를 이렇게 차별하다니!"

분노한 구식 군인들은 쌀을 지급하는 도봉소 관리에게 항의했다.

"아니, 마음에 안 들면 도로 내놓고 가면 될 게 아닌가? 어디 와서 행패를 부리는 게야?"

도봉소 관리들은 별기군의 책임자인 민겸호만 믿고 도리어 큰소리를 탕탕 쳤다.

"뭐라고? 에잇!"

화가 머리끝까지 난 구식 군인들은 도봉소의 관리들에게 달려들었다. 순식간에 도봉소는 아수라장이 되었다. 임오군란의 시작이었다.

"폭동을 일으킨 자들을 당장 잡아들여라!"

민겸호는 소란을 일으킨 구식 군인들을 붙잡아다가 가두었다. 그런데 붙잡힌 군인들이 곧 처형될 것이라는 소식이 들려왔다.

"뭐야? 붙잡혀 간 사람들을 처형한다고?"

"먼저 부당한 대우를 해 놓고 사형까지 시키다니!"

소식을 들은 구식 군인들은 또 한 번 분노했다.

"이게 다 별기군의 책임자인 민겸호가 중전 민씨의 힘을 믿고 벌인 짓이다!"

구식 군인들은 민겸호가 속한 관청과 민겸호의 집으로 달려가 살림살이를 때려 부수고, 이튿날에는 숨어 있던 민겸호를 붙잡아 죽였다.

"중전과 그 친척인 민씨들이 일본군을 끌어들여 나라를 망치고 있다. 대원군이 다시 나라를 다스려야 해!"

중전 민씨는 흥선 대원군과의 권력 싸움에서 이기기 위해 민씨 세력들에게 정부의 중요한 관직을 나누어 주었다. 그렇게 권력을 쥐고 힘을 키워 가던 민씨 세력은 부정부패를 일삼았고 이들을 향한 백성들의 분노는 커져 있었다. 백성들은 조선을 위협하는 다른 나라들 만큼이나 민씨 세력에게 치를 떨었다.

구식 군인들은 흥선 대원군이 살고 있는 운현궁으로 우르르 달려갔다.

"부디 저희의 억울함을 풀어 주십시오!"

"대원군께서 나서서 바로잡으셔야 합니다!"

"너희의 사정을 다 들었으니 나를 믿고, 가서 기다리도록 하라."

대원군은 군인들을 진정시키고 문제를 해결해 주겠다고 약속했다. 하지만 한번 불같이 일어난 구식 군인들은 멈추지 않았다. 대원군을 믿고 관아를 습격해 감옥에 갇힌 동료들을 구해 냈다.

구식 군인들은 이번에는 일본 공사관*으로 달려갔다. 그러자 놀

---

* 공사관: 국가를 대표해 외국에 파견되는 외교 사절인 공사가 파견된 나라에서 사무를 보는 곳.

란 일본 공사관 직원들은 허둥지둥 인천으로 도망쳐 버렸다.

"민씨 일가들이 권세*를 누리는 건 다 왕비 때문이다. 이제 왕비를 잡으러 가자!"

군인들은 다시 창덕궁으로 몰려갔다.

"중전마마! 어서 몸을 피하십시오! 지금 성난 군인들이 마마를 찾으러 몰려오고 있습니다."

"어찌 이런 일이!"

"저들이 중전마마께 해를 끼칠지 모르니 어서 이 옷으로 갈아입으세요."

중전 민씨는 상궁이 내민 옷으로 갈아입은 뒤 다급히 궁을 빠져 나왔다. 그러고는 외가 친척이 있는 충주로 피신했다.

군사들이 일으킨 난리로 겁에 질려 있던 고종은 다시 대원군에게 나랏일을 맡길 수밖에 없었다.

"내게 다시 기회가 왔다."

대원군은 기다렸다는 듯이 당당하게 궁궐로 들어갔다.

"전하, 이제 모든 일은 제게 맡기십시오."

* 권세: 권력과 세력을 아울러 이르는 말.

　대원군은 군사 제도를 비롯해 모든 걸 예전대로 되돌려 놓았다. 또 민씨 세력을 벼슬자리에서 내쫓고 그 자리를 외국과의 수교를 반대하는 위정척사파들로 채웠다. 위정척사파들은 유교의 가르침만을 올바른 사상으로 여기며 외국과 수교를 반대하는 것은 물론 다른 나라의 학문과 사상까지 거부하는 사람들이었다.

　이 상황을 보고 있을 수밖에 없는 고종은 답답했다.

　'모든 것들을 옛날로 되돌려 놓으시다니!'

　게다가 대원군은 어디 있는지 모르는 중전 민씨가 죽었다며 장례를 치렀다. 고종과 신하들이 반대했지만 소용없었다.

　'중전이 어딘가에 살아 있더라도 궁궐로 돌아올 수 없게 해야 한다.'

　대원군은 문득 고종이 왕위에 오른 후 중전을 고를 때가 떠올랐다.

　'중전의 가족과 친척들이 권력을 쥐면 나라가 혼란스러워진다. 그걸 막으려면 힘없는 집안의 딸이어야 해. 그렇다면 홀어머니와 단둘이 살고 있는 민자영이 안성맞춤이다. 중전을 두 명이나 낸 집안이지만 그 아비가 죽고 아무런 힘이 없으니 정치에 나설 친척들도 없을 테지.'

　대원군은 민자영을 며느리로 고르며 흡족해하였다. 그러나 흥선

대원군의 생각과 달리 중전이 된 자영은 영리하고 눈치가 빨라 만만한 상대가 아니었다.

흥선 대원군은 시간이 지나서 그때의 결정을 후회했지만 이미 엎질러진 물이었다.

그 무렵 중전 민씨는 충주에 머물고 있었다. 산에 올라 한양 쪽을 바라보던 중전 민씨는 분노에 몸을 부르르 떨었다.

"멀쩡하게 살아 있는 나를 죽은 사람으로 만들다니! 어서 내가 무사하다는 걸 전하께 알려야겠다."

중전 민씨는 고종에게 보내는 편지를 썼다.

전하, 저는 무사히 충주에 와 있습니다.
지금 일본은 조선에 있는 일본인들을 보호한다는 구실로 군대를 보내려 한다 들었습니다. 그러니 청에 군대를 요청해 일본군이 조선 땅에 들어오는 것을 막으셔야 합니다.

중전 민씨는 편지를 비밀리에 고종에게 전달했다.

'중전, 무사하다니 다행이오! 중전 말대로 하겠소!'

편지를 읽은 고종은 은밀히 청에 도움을 요청했다.

"옳지, 이제 우리가 조선으로 들어갈 구실이 생겼다!"

청은 서둘러 군사를 이끌고 인천으로 들어왔다.

"흐흐, 우리가 기다렸던 일이다!"

기회를 엿보던 일본도 군사를 이끌고 인천으로 들어왔다.

그 모습을 본 청은 마음이 급해졌다.

"대원군이 권력을 쥐고 있으면 우리가 조선을 마음대로 할 수 없다."

청은 어떻게든 대원군이 나서지 못하도록 작전을 세웠다.

갑신정변이 일어나다

청군과 일본군이 모두 조선 땅에 들어와 있던 1882년 8월. 청군이 대원군에게 상의할 일이 있다며 만나기를 요청했다.

'지금은 청의 힘을 빌려 일본을 막아야 한다.'

대원군은 아무 의심 없이 그들이 머물고 있는 곳으로 갔다. 그러자 청군은 다짜고짜 대원군에게 말했다.

"대원군, 지금 당장 배를 타고 톈진으로 가셔야겠소!"

"갑자기 그게 무슨 말이오? 나를 왜 청으로 데리고 간다는 말이오?"

대원군은 깜짝 놀라 소리쳤다.

"청 황제의 허락 없이 조선의 나랏일을 맡았으니 황제 앞에 가서 그 죗값을 물어야 할 것이오!"

그들은 황제의 편지를 내밀며 윽박질렀다. 그러고는 대원군을 붙잡아 데리고 나갔다.

'이런, 이놈들에게 속았구나!'

대원군은 탄식하며 주변을 둘러보았다. 창칼을 든 청군이 자신을 에워싸고 있었다.

청은 조선을 마음대로 주물러 자신들에게 유리하게 이용할 생각이었다. 그래서 나라의 문을 열지 않으려는 흥선 대원군이 다시 권력을 잡는 것을 두고 볼 수 없었던 것이다.

대원군은 꼼짝없이 군함에 태워졌다.

"아아, 또다시 조선이 혼란에 빠지겠구나."

대원군은 점점 멀어져 가는 조선 땅을 안타깝게 바라보았다.

며칠 뒤 흥선 대원군은 중국 톈진에 도착했다.

"저기 저 노인이 조선 임금의 아버지란 말이지?"

"임금의 자리를 탐내다가 끌려왔다는군."

톈진 변두리에 있는 낡은 건물로 들어서자 청의 관리들이 수군거렸다. 대원군은 그렇게 낯선 곳에서 죄인 취급을 받으며 지내야 했다.

얼마 후 청 황제는 대원군에게 죽을 때까지 톈진에 머물러야 한다는 명령을 내렸다.

"남의 나라 땅에서 평생 살아야 한단 말인가?"

대원군은 분하고 억울했지만 할 수 있는 일은 아무것도 없었다.

'이대로 여기서 죽을 수는 없어. 조선으로 편지를 보내야겠다.'

대원군은 자신이 조선으로 돌아갈 방법을 찾아보라며 큰아들에게 비밀 편지를 보냈다. 하지만 큰아들도 톈진으로 몇 번 찾아왔다 갈 뿐 뾰족한 방법을 찾지 못했다.

"이게 다 중전이 꾸민 일이야! 내가 지금은 비록 포로 신세지만 기다리거라! 기필코 이 수치와 모욕을 갚아 주겠다!"

대원군은 이를 부드득 갈며 다짐했다.

한편 충주에 숨어 있던 중전 민씨는 청 군사들의 호위를 받으며 창덕궁으로 돌아왔다.

"중전, 어서 오시오, 어서!"

"어마마마!"

고종과 세자 척이 눈물을 흘리며 반겨 주었다.

"전하, 이제서야 돌아왔습니다. 걱정을 끼쳐 송구합니다!"

중전 민씨도 눈물을 흘리며 고종에게 절을 올렸다.

"무슨 소리요! 중전이 이렇게 살아서 돌아온 것만으로 고맙고 또 고맙소."

고종은 다시 개화 정책을 추진했다. 하지만 신하들마다 개화에 대한 생각이 달랐다.

"전하, 이제 우리 조선도 청의 간섭에서 벗어나 서양의 기술, 사상은 물론 제도까지 더 적극적으로 받아들여야 합니다."

김옥균, 박영효, 서광범, 홍영식 등 급진 개화파들은 개화에 속도를 내야 한다고 주장했다.

"갑작스럽게 많은 것들이 바뀌면 혼란이 생길 수 있으니 청의 보호를 받으며 서서히 나라의 문을 열어야 합니다."

김홍집, 김윤식, 어윤중 등 온건 개화파들은 천천히 바꾸어 나가야 한다는 생각이었다.

"양쪽 생각이 다 옳소. 하지만 일본과 서양 강대국으로부터 조선을 지키기 위해서는 먼저 청의 도움이 필요하오."

고종과 중전 민씨는 온건 개화파의 손을 들어주었다. 그러나 김옥균을 비롯한 급진 개화파들은 고종의 결정을 받아들일 수 없었다.

"언제까지 청의 영향력 아래에서 간섭을 받을 수는 없소! 결국 청도 자신들의 이익을 위해 조선을 이용할 뿐이오!"

"일본이 그랬듯, 우리도 빠르게 제도를 바꿔 나라의 힘을 키워야 하오. 그런데 중전마마를 비롯한 민씨 세력이 청을 등에 업고 서서히 나라를 바꾸겠다고 하니 이거야 원."

"아무래도 무슨 수를 써야겠소."

급진 개화파들은 마음이 급한 나머지 속이 타 들어갔다.

그 무렵 이들에게 기회가 찾아왔다. 베트남에서 전쟁이 일어나 조선에 있던 청군의 절반이 그리로 옮겨 간 것이었다.

"옳지, 드디어 조선을 바꿀 기회가 왔구나!"

급진 개화파들은 조용히 움직이기 시작했다. 그때 그들의 움직임을 눈여겨보던 일본이 은밀하게 손을 내밀었다.

"조선에서 청을 몰아내는 건 우리도 바라는 일이오. 우리가 군대를 보내 도와주겠소."

"고맙소!"

급진 개화파들은 기뻐하며 일본의 손을 덥석 잡았다.

'흠, 이 젊은이들이 성공하면 우린 꿩 먹고 알 먹는 거지.'

일본은 급진 개화파를 이용해 청과 민씨 세력을 한꺼번에 몰아내고 조선을 손아귀에 넣으려는 속셈이었다.

1884년 겨울, 우편 업무를 담당하는 우정국이 문을 여는 날이었다.

"드디어 오늘이오! 모두 맡은 일을 실수 없이 해야 하오."

미리 치밀한 계획을 세워 둔 급진 개화파들이 서로 눈빛을 주고받았다. 날이 어둑어둑해지자, 마침내 우정국 마당에 등불이 환하게 켜지고 축하 행사가 시작되었다. 홍영식, 김옥균, 박영효 등 신하들은 물론 외국 축하 사절까지 하나둘 행사장 안으로 들어섰다.

"멀리 떨어진 곳에 편지나 소식을 전하는 일을 이제 우정국에서 대신해 준다지요?"

"참으로 편리해진 세상입니다!"

이윽고 잔치가 무르익을 때였다. 누군가가 큰 소리로 외쳤다.

"불이야, 불!"

"불이 났다!"

사람들은 우왕좌왕 어쩔 줄 몰랐다.

'불이야!' 하는 외침은 바로 급진 개화파들의 신호였다. 급진 개화파들은 바로 품속에서 총을 꺼내 들었다.

"탕탕, 탕탕!"

"으아악, 사람 살려!"

축하 잔치에 왔던 사람들은 비명을 지르며 뿔뿔이 달아났.

갑작스러운 총소리와 함께 행사장은 큰 혼란에 빠졌다. 갑신정변이 일어난 것이었다.

"헉! 저들이 일을 꾸몄구나!"

중전 민씨의 조카 민영익도 놀라 밖으로 뛰쳐나갔다. 하지만 민영익은 급진 개화파의 칼에 맞아 그 자리에서 쓰러지고 말았다.

"어서, 궁으로 가서 임금과 왕비를 빼돌려야 한다!"

김옥균은 서둘러 창덕궁으로 달려가 고종과 중전 민씨를 경우궁으로 데리고 갔다.

"지금 청 군사들이 난리를 일으켰으니 당분간 여기서 숨어 지내셔야 합니다. 일본 공사관에 군사를 보내 여길 지키라 요청할 수 있게 전하께서 편지를 써 주십시오."

김옥균은 고종에게 다급하게 말했다. 하지만 중전 민씨는 김옥균의 말을 믿지 않았다.

"일본이 우릴 지켜 준다고? 청의 군사들이 전하도 모르게 군사를 일으킬 리 없소!"

"중전마마, 임오군란 때를 잊으셨습니까? 제 말을 믿으셔야 합니다."

고종은 할 수 없이 '일본 공사는 와서 나를 호위하라.'는 편지를 썼고 김옥균은 그것을 일본 공사에 전달했다. 그리고 곧 일본 공사는 의기양양하게 군사를 이끌고 들어왔다.

그렇게 고종과 중전 민씨를 속여 경우궁에 가둔 급진 개화파는 재빨리 다음 계획을 실행했다. 자신들에게 방해가 될 것 같은 신하들을 임금이 부른다며 불러내 차례로 죽인 것이다.
"드디어 우리의 계획이 성공했소!"
김옥균, 박영효, 서재필, 서광범 등 갑신정변을 일으킨

급진 개화파들은 나라의 중요한 벼슬자리를 차지하고 자신들과 뜻을 같이하는 사람들을 관리로 임명했다.
 '이 모든 게 급진 개화파들이 꾸민 일이었다니! 혹시 청에 있는 대원군도 여기에 관련된 것 아닐까?'
 중전 민씨는 조카 민영익이 크게 다치고, 신하들이 죽었다는 소

식에 눈앞이 캄캄해졌다. 하지만 이미 급진 개화파들에게 권력이 넘어가고 고종과 중전 민씨는 경우궁에 갇힌 것이나 다름없는 상황이었다.

급진 개화파는 서둘러 자신들이 꿈꾸던 새로운 세상을 만들 개혁안을 발표했다. 청의 간섭을 없애고 능력에 따라 인재를 등용할 것과 세금 제도를 개혁하는 것, 부정부패를 일삼으며 나라를 좀먹는 관리들을 벌할 것 등의 내용이었다.

"드디어 새로운 조선이 시작되는구나!"

급진 개화파는 한껏 들떠 있었다.

'저들은 개혁을 한답시고 왕마저 허수아비로 만들고 말 것이다. 저들의 뜻대로 두어서는 안 돼. 먼저 어떻게든 궁을 벗어나야 한다.'

한편 다시 권력을 잡을 방법을 궁리하던 중전 민씨는 급진 개화파를 불러 호통을 쳤다.

"그대들은 어찌 이 비좁은 곳에 전하를 계속 모셔 둔단 말이오? 당장 창덕궁으로 돌아가겠소!"

"중전마마, 아직 청의 세력이 남아 있으니 조금만 더 여기서……."

"지금 청을 핑계로 신하의 도리를 저버리려는 것이오? 만약 전하께서 병이라도 나시면 어쩌려는 것이오?"

"그, 그러면 창덕궁으로 모시겠습니다."

중전 민씨가 목소리를 높이자 급진 개화파들은 어쩔 수 없이 고종과 중전 민씨의 거처를 옮겼다.

'우릴 도울 수 있는 건 청밖에 없다.'

중전 민씨는 고종에게 청의 조선 담당 총독 위안스카이에게 보내는 비밀 편지를 쓰게 했다. 정변이 일어난 지 사흘째 되는 날이었다. 고종의 비밀 편지를 받은 청은 1,000명이 넘는 군사를 이끌고 왔다.

"앗, 청의 군사들이 온다!"

궁궐을 지키던 일본 군사들은 당황해서 어쩔 줄 몰랐다.

"우리를 방해하는 자들은 살려 두지 마라!"

위안스카이는 창덕궁을 에워싸고 일본군과 총격전을 벌였다.

"우리보다 청군의 수가 더 많다. 일단 후퇴하자!"

일본군은 다급하게 한양을 떠나 인천에 있는 일본 공사관으로 도망갔다. 일본군과 함께 청에 맞서 싸우던 급진 개화파 중 몇 명은 이미 죽임을 당한 후였다.

"개화파 놈들이 일본과 손잡고 전하와 중전마마를 몰아내려 했

다. 그러니 우리가 일본 놈들을 몰아내자!"

상황을 알게 된 백성들은 너도나도 손에 곡괭이와 돌멩이를 들고 일본 공사관으로 몰려갔다. 그러고는 일본 공사관을 부수고 불을 질렀다.

"우물쭈물하다간 우리도 살아남지 못할 것이오."

남아 있던 급진 개화파들은 서둘러 일본군을 따라 도망갔다.

"아, 우리의 꿈이 고작 3일 만에 끝나다니! 조선에 남았다가는 붙잡혀 죽게 될 테니 일본으로 가서 때를 기다립시다."

그렇게 갑신정변은 3일 만에 끝났다.

새야 새야 파랑새야

얼마 뒤, 일본은 갑신정변으로 일본이 입은 피해를 배상하라며 군함과 군사를 끌고 와 조선을 위협했다.

"우리 공사관에 피해를 입혔으니 부서진 건물 수리비는 물론 배상금*을 내놓으시오!"

조선은 이번에도 하는 수 없이 '한성 조약'을 맺고는 배상금을 주었다.

그 후 일본은 청과도 '톈진 조약'을 맺었다. 양국 군대가 모두 조선에서 떠나되, 만약 일본이나 청의 군사가 조선에 들어올 때는 서로 미리 알려야 한다는 약속이었다.

하지만 급진 개화파들을 몰아낸 청의 위안스카이는 조선의 일에 감 놔라, 배 놔라 하며 날이 갈수록 뻔뻔하게 나왔다.

중전 민씨는 바람 앞의 등불같이 위태로운 조선의 앞날을 생각하자 두렵기만 했다.

"전하, 위안스카이가 저리 거들먹거리니 큰일입니다."

* 배상금: 남에게 입힌 손해에 대해 물어 주는 돈.

"여우를 피하려다가 호랑이를 만난 꼴이 되었구려. 두 나라가 서로 발톱을 세우고 조선을 넘보고 있으니……."

고종은 한숨을 내쉬었다.

"전하, 일본도 청도 아닌 러시아와 손잡으면 어떨까요? 세 나라가 서로 힘을 겨루는 사이에 조선이 스스로 힘을 기르면 되지 않겠습니까?"

하지만 이런 중전 민씨의 생각을 위안스카이가 눈치챘다.

"우리를 밀어내려 러시아를 끌어들일 모양이군. 은혜를 원수로 갚으려 하다니! 왕비를 끌어내리기 위해서는 대원군이 필요하다."

위안스카이는 새로운 계획을 세웠다.

청에 끌려갔던 대원군은 그즈음 조선에 돌아와 있었다. 위안스카이는 운현궁에 있는 대원군을 찾아갔다.

"대원군께서 다시 나라를 다스리는 것이 어떻겠습니까?"

위안스카이는 넌지시 대원군의 마음을 떠보았다. 그러잖아도 대원군은 고종과 중전 민씨에 대한 분노로 가득 차 있었다.

대원군이 청에서 돌아오던 날, 고종은 숭례문으로 마중을 나왔지만 그 표정은 냉랭하기 짝이 없었다.

'그 먼 곳에서 고생하고 온 나를 이렇게 푸대접하다니!'
대원군은 다시 한번 내 세상을 만들어 보리라 다짐했다.
"나 같은 늙은이를 누가 불러 주겠소?"

대원군은 속마음을 숨기고 대답했다.

"하하, 어찌 이리 마음이 약해지셨습니까? 저와 손잡으면 될 게 아니오!"

위안스카이는 자신의 계획을 설명했다. 그건 바로 대원군의 손자

를 임금의 자리에 앉히고 대원군이 어린 임금 대신 정치를 맡는다는 것이었다.

위안스카이는 대원군의 손자를 만나서도 부추겼다.

"내가 도와주겠다. 그리고 대원군이 뒤에서 밀어주면 안 될 것도 없잖은가?"

하지만 이 계획은 금방 민씨 일가에게 들통나고 말았다.

"뭐라고? 새로운 왕을 세우겠다고?"

"그렇습니다. 청의 위안스카이와 대원군이 함께 꾸민 일이라고 합니다."

"대원군이 또 전하와 나를 배신하려 했단 말이지!"

중전 민씨는 대원군에 대한 분노로 치를 떨었다.

"지금부터 대원군의 모든 움직임을 살펴보고 하나도 빠짐없이 보고하라!"

고종과 중전 민씨는 대원군과 주변 사람들을 철저히 감시했다.

하지만 더 큰일이 또 다른 곳에서 일어나고 있었다.

몇 년 후인 1894년, 전라도 고부*에서 올라온 소식으로 또다시 조

---

* 고부: 지금의 전라북도 정읍 지역의 옛 이름.

정이 발칵 뒤집어졌다.

"전하, 고부 군수의 악행에 시달리던 백성들이 곡괭이와 몽둥이, 낫을 들고는 고부 관아를 습격했다고 합니다. 그들을 이끄는 이는 전봉준이라는 자이며 모두 동학*을 믿는 자들이라 합니다."

"전하, 성난 백성들이 전라도를 지나 전국으로 퍼지기 전에 이들을 막아야 합니다!"

신하들은 겁에 질려 너도나도 목소리를 높였다.

지난 임오군란과 갑신정변 때를 떠올린 고종도 마음이 불안하기는 마찬가지였다.

"당장 고부로 관리를 보내 사건을 조사하도록 하라!"

하지만 고종이 보낸 관리는 고부 군수의 악행에 대해서는 조사하지 않았다. 그리고 모든 것을 동학교도들의 잘못으로 돌려 동학교도들을 잡아서 옥에 가두어 버렸다. 또한 그들의 재산을 빼앗고 집에 불을 지르고 그 가족까지 죽였다.

"세상에! 조정에서 온 신하가 탐관오리 편을 들어주다니!"

* 동학: 최제우가 민간 신앙과 유교, 불교, 천주교의 장점을 모아 만든 종교로 서학에 반대하여 동학으로 이름 지었다. 신분 차별을 없애고 외국 세력을 몰아내 나라를 바로잡아야 한다 등 당시 사회를 바꾸기 위한 여러 가지 주장을 펼쳤다.

"백성들도 사람이다! 이대로는 억울해서 살 수 없다!"

민란은 곧 고부뿐 아니라 전라도 전 지역으로 번졌다. 동학교도는 물론 일반 백성들까지 곡괭이와 대나무 창을 들고 관군과 맞섰다.

"전주성으로 가자!"

"와아아!"

동학군들은 기세 좋게 전주성을 공격해 무너뜨렸다.

"전하, 전주성을 무너뜨린 무리가 지금 한양으로 올라오고 있습니다. 그들은 대원군이 다시 나랏일을 맡아야 한다고 주장하고 있다고 합니다."

신하들은 전라도 쪽에서 올라온 소식을 다급하게 알렸다.

위기를 느낀 고종은 몇몇 대신들의 반대에도 급히 청에 군사를 요청했다. 곧 청군이 기세등등하게 또다시 조선으로 들어왔다. 그러자 호시탐탐 기회를 엿보던 일본도 청과 맺은 톈진 조약을 들먹이면서 군사를 이끌고 조선으로 들어왔다.

"청군이 조선에서 제 세상인 듯 행동하는 걸 두고 볼 수 없지."

그 소식을 들은 동학교도들은 깜짝 놀랐다.

"호시탐탐 조선을 노리는 청군과 일본군을 끌어들이다니! 이러다

가는 다시 나라가 위태로워진다. 게다가 추수할 시기도 다가오니 더 이상 싸움을 이어 갈 수 없다."

전봉준은 동학군들을 모두 고향으로 돌려보냈다. 하지만 한번 들어온 청군은 이런저런 핑계를 대고 좀처럼 조선을 떠나지 않았다.

"우리가 먼저 궁을 점령해야 한다!"

일본군은 총칼을 들고 경복궁을 겹겹이 에워쌌다. 그러고는 중전 민씨와 가까운 대신들을 내쫓고 대원군을 다시 불러들였다. 중요한 관직에는 김홍집을 비롯한 개화파 사람들을 앉혔다.

"조정의 힘으로 민란을 막아 내지 못해 결국 청과 일본이 또다시 조선 땅으로 들어왔구나!"

궁궐에 갇히다시피 한 중전 민씨는 깊은 한숨을 내쉬었다.

경복궁을 손에 쥔 일본은 또 한 가지 계획을 세웠다.

"지금이 바로 청을 칠 기회이다!"

일본은 7월 25일, 아산만 앞바다 풍도에 있는 청 군함을 향해 포격을 퍼부었다. 조선을 차지하기 위해 맞서던 일본과 청이, 조선 땅에서 '청일 전쟁'을 시작한 것이었다.

이때를 이용하여 동학군들이 일어나 청을 돕는다면 일본을 몰아낼 수 있다.

대원군은 전봉준에게 비밀 편지를 보냈다. 그러잖아도 일본군이 경복궁을 점령했다는 소식을 듣고 분노하던 동학군은 다시 무기를 들고 거세게 일어났다. 이제 동학군은 전라도를 넘어 충청도, 경상도, 강원도, 황해도 등 그 숫자가 20만에 이르렀다.

청과 일본의 전쟁은 뜻밖에도 일본의 승리였다. 일본은 풍도 전투에 이어 평양 전투에서도 승리를 거두었다. 청은 깜짝 놀라 압록강을 넘어 도망가 버렸다.

"우하하, 우리가 코끼리 같은 청을 물리쳤다!"

일본은 점점 더 기세등등해졌다. 그러고는 동학군을 향해 총부리를 겨눴다. 동학군은 일본군을 조선에서 몰아내기 위해 싸움을 멈추지 않았다.

마침내 동학군은 조선·일본 연합군과 공주 우금치에서 크게 맞붙었다.

"여기서 밀리면 다 죽는다!"

동학군은 죽기 살기로 맞서 싸웠다. 하지만 변변한 무기조차 없는 동학군은 우금치 전투에서 완전히 패하고 말았다. 동학군을 이끌던 전봉준도 붙잡혀 처형되었다.

새로운 세상, 사람이 하늘인 세상을 꿈꾸던 동학교도들의 지도자 전봉준이 죽자 백성들 사이에서 슬픈 노래가 불려지기 시작했다.

새야 새야, 파랑새야
녹두밭에 앉지 마라
녹두꽃이 떨어지면
청포* 장수 울고 간다

노랫말의 파랑새는 일본군을, 녹두꽃은 전봉준, 청포 장수는 백성들을 가리키는 것이었다. 노래에는 조선이 처한 현실과 전봉준의 죽음을 슬퍼하는 백성들의 마음이 담겨 있었다.

여우 사냥

청일 전쟁에서 이긴 뒤 동학군까지 물리친 일본은 더욱더 의기양

---

* 청포: 녹두로 만든 묵.

양했다.

"대원군은 자리에서 물러나시오!"

대원군이 동학군에게 편지를 보낸 걸 알게 된 일본은 대원군을 내쫓았다. 그러고는 고종과 중전 민씨를 풀어 주었다.

"중전마마, 이제 저희 일본과 사이좋게 지내는 게 어떠신지요?"

일본 공사가 찾아와 웃으며 말했다.

"이제 모든 일이 마무리되었으니 조선의 일은 조선에 맡기고 일본군은 돌아가는 게 마땅하지 않겠소?"

중전 민씨는 눈 하나 깜짝하지 않고 맞섰다.

'어떻게든 일본을 몰아내야 한다. 그러려면 멀리 있는 프랑스, 독일, 미국보다는 가까운 러시아와 손을 잡아야 해.'

그 후 중전 민씨는 러시아 공사와 자주 만났다. 조정 대신들도 어느새 러시아, 미국과 가까이 지내야 한다고 생각하는 사람들로 바뀌었다.

세자 척이 중전 민씨를 보기 위해 왔다. 아들을 바라보는 엄마의 얼굴에는 따뜻한 미소가 번졌다. 중전 민씨는 고종과의 사이에 4남 1녀를 낳았지만, 모두 세상을 떠나고 세자 척만 남아 있었다.

"세자, 나라 안팎이 어지러울 때일수록 더욱 공부에 힘써야 하느니라. 어미는 세자가 훗날 이 나라 조선을 굳건하게 이끄는 어진 임금이 되리라 믿는다."

"어마마마, 소자는 두렵습니다. 일본도 러시아도 조선의 친구가 아니라 자신들의 이익을 위해 조선을 이용하려 할 뿐입니다."

세자 역시 혼란스러운 조선의 상황을 보며 어찌할 바를 몰랐다.

"이 어미도 두렵다. 하지만 세자, 오랑캐를 이용해 오랑캐를 물리친다는 말도 있다. 우리가 일본과 러시아를 잘 이용한다면 그 사이에서 조선이 살길을 찾을 수 있을 것이다."

"명심하겠습니다. 저는 어마마마가 계셔서 참으로 든든합니다."

그제야 세자의 얼굴에 웃음이 감돌았다.

중전 민씨는 세자가 돌아간 뒤에도 한동안 생각에 잠겨 있었다. 무엇보다 날카로운 이빨을 드러내고 있는 일본을 조선 땅에서 몰아내는 게 긴급했다.

하지만 적은 밖에만 있는 게 아니었다. 또 역모* 소식이 전해졌다.

'이번에도 틀림없이 대원군이 꾸민 일일 것이다. 다시 권력을 잡

---

* 역모: 나라와 겨레를 배반하는 일. 또는 왕의 권한을 빼앗으려고 하는 것.

아 나라의 문을 걸어 잠그려는 것이야.'

중전 민씨는 여전히 나라 안팎의 상황에 눈을 감은 채 다른 나라를 밀어내려고만 하는 대원군이 안타까웠다. 결국 역모를 꾸민 일당들은 죽임을 당하거나 유배를 떠났다.

그 무렵 일본 공사는 눈살을 찌푸리며 골똘히 생각에 잠겼다.

'중전 민씨가 이제 우리에게 등을 돌리고 러시아와 가까이 지내려고 한단 말이지? 아무래도 무슨 수를 써야겠다.'

얼마 후 일본 공사는 느닷없이 일본으로 긴 휴가를 떠났다. 그러고는 돌아오자마자 밝은 표정으로 고종과 중전 민씨를 찾아왔다.

"전하, 그동안 평안하셨습니까?"

"그래, 잘 다녀오셨소?"

고종과 중전은 떨떠름하게 인사를 받았다.

"제가 두 분을 위해 귀한 선물을 사 왔습니다."

일본 공사는 값비싼 선물을 내놓았다. 하지만 고종과 중전 민씨는 거들떠보지도 않았다.

무안해진 일본 공사는 얼른 화제를 돌렸다.

"이번에 저희 일본이 조선에 큰 돈을 기증하기로 했습니다."

'능구렁이 같은 일본이 선물과 돈으로 전하와 내 마음을 얻으려고 하는구나.'

중전 민씨는 더욱 정신을 바짝 차렸다.

'저 여우 같은 왕비가 도무지 꿈쩍을 않는군. 그렇다면 할 수 없다. 다른 수를 써야겠다.'

그 후 어찌 된 일인지 일본 공사가 바뀌었다는 소식이 전해졌다.

"새로 온 일본 공사 미우라입니다."

새로운 일본 공사로 육군 장교 출신의 미우라 고로가 찾아와 인사했다.

'왜 한 나라의 공사를 외교 전문가가 아닌 군인에게 맡기는 거지?'

중전 민씨는 뭔가 찜찜했다. 그러나 소문으로는 새 일본 공사가 조선의 일에는 관심이 없다는 듯 날마다 불상 앞에서 불공만 드린다고 하였다.

'대체 무슨 꿍꿍이가 있는 걸까?'

중전 민씨는 불안한 마음으로 생각에 잠겼다.

그러던 어느 날 중전 민씨가 조심스레 말을 꺼냈다.

"전하, 청일 전쟁이 끝난 후에도 일본이 도무지 조선을 떠나지 않으니 큰일입니다. 일본 교관이 맡고 있는 훈련대*를 해산하고 우리 수비대에게 경비를 맡기는 건 어떻겠습니까?"

중전 민씨는 늘 조선의 임금과 왕비보다 일본의 명령을 따르는 훈련대 군사들이 두려웠다.

"중전 생각이 옳소. 나도 훈련대가 궁궐을 지키고 있는 것이 늘 불안했소."

마침내 고종은 훈련대의 해산을 명령하였다. 그 소식을 들은 일본 공사관이 발칵 뒤집어졌다.

"뭐라고? 그렇다면 우리도 계획했던 여우 사냥을 앞당겨야겠다. 당장 준비해 두었던 무사들을 불러 모아라!"

미우라의 목소리가 공사관 안을 쩌렁쩌렁 울렸다.

얼마 후 허리에 칼을 찬 일본 무사들이 하나둘 남산 일본 공사관으로 모여들었다.

* 훈련대: 1895년에 일본인의 지도로 편성한 군대.

그 시간, 고종과 중전 민씨는 중전의 친척인 민영준에게 벼슬을 내리고 궁궐에서 축하 잔치를 열고 있었다.

"전하와 조선을 위해 일해 주시오."

중전 민씨는 왕실의 권한을 되찾은 듯 모처럼 기분이 좋아졌다. 그러고는 고종과 함께 궁궐 마당을 거닐며 이야기를 나누었다.

"전하, 오늘 기분이 어떠십니까?"

"모처럼 마음이 가벼워졌소. 모두가 다 중전 덕분이오. 내게 걱정거리가 있을 때마다 중전이 방법을 찾아 주는구려. 참으로 고맙소."

고종은 문득 열다섯 나이에 운현궁에서 혼례를 올리던 왕비를 떠올렸다. 첫눈에 보아도 어여쁘고 영리한 여인이었다.

"전하, 부디 이 나라 조선을 굳게 지켜 주십시오."

그날 밤, 중전 민씨가 깊은 잠에 빠져 있던 시간이었다.

"탕탕탕!"

이제 막 동이 트기 시작한 이른 아침, 갑자기 경복궁 광화문 앞에서 총소리가 들려왔다. 일본군과 궁궐 수비대 사이에 벌어진 총격

전이었다.

 일본군은 경복궁으로 몰려가기 전, 이른 새벽에 대원군의 집으로 갔다.

"대원군, 어서 궁으로 가셔야 합니다."

"그게 무슨 소리냐? 나는 이미 모든 자리에서 물러난 사람이다."

 대원군은 수상한 낌새를 느끼고 자리에서 일어나지 않았다.

"시간이 없습니다! 당장 궁궐로 가셔야 합니다. 대원군께서 다시 나라를 다스릴 기회가 왔습니다!"

대원군은 이번에도 일본이 중전을 끌어내리려 한다는 걸 짐작했다. 그렇다면 더더욱 이들을 따라갈 수 없었다. 무슨 누명을 쓸지 모를 일이었다.

어느 틈에 시간은 새벽 3시가 다 되었다.

"에잇, 더 이상 기다릴 수 없다! 강제로 끌어내라!"

초조해진 일본군들은 대원군을 강제로 끌어내 가마에 태웠다. 원래 그들은 모두가 잠든 새벽에 아무도 모르게 중전 민씨를 해칠 생각이었다. 그런데 대원군과 실랑이를 하는 사이에 시간이 훌쩍 지나 날이 밝아 오고 있었다.

일본군은 대원군을 강제로 끌고 와 경복궁으로 들어갔다. 모든 일을 대원군이 벌인 것으로 꾸미기 위해서였다.

대원군은 지난번 갑신정변 때처럼 일본이 고종과 중전 민씨를 궁궐의 어느 건물에 가두고 자신들 마음대로 나랏일을 하려는 것으로 생각했다. 하지만 상황은 대원군의 짐작과 다르게 진행됐다. 경복궁을 지키던 수비대가 일본군이 쏜 총에 하나둘 쓰러졌다.

"아아, 전하, 중전마마……."

궁궐 수비대들은 고종과 중전 민씨를 안타깝게 부르며 죽어 갔다.

"가자! 어서 일을 해치우자!"

일본 무사들은 경복궁을 이리저리 뛰어다니며 중전 민씨를 찾아다녔다.

"여우는 어디 있느냐?"

그들은 한 나라의 왕비를 여우라고 부르며 눈에 불을 켜고 중전 민씨를 찾아다녔다.

"마마, 중전마마! 어서, 어서 몸을 피하셔야 합니다. 지금 칼을 든 일본 무사들이 마마를 찾아 이곳으로 오고 있습니다!"

궁녀들이 달려와 다급하게 외쳤다. 중전 민씨는 임오군란 때 쫓기는 신세가 되어 궁궐을 빠져나갔던 일을 떠올렸다.

'이번에는 일본군들이 나를 죽이겠다고 오고 있단 말인가. 아아, 이제 조선의 운명은 어찌 되는 것인가!'

중전 민씨는 임오군란 때처럼 옷을 갈아입고 궁을 빠져나가려고 했다. 하지만 벌써 일본 무사들의 발자국 소리가 들려오고 있었다.

"여우를 찾아라! 여우를 찾아!"

"아악!"

여기저기서 궁녀들이 칼을 맞고 비명을 지르며 쓰러졌다. 중전 민씨는 다급하게 마당으로 내려섰다.

그때 일본 무사들이 긴 칼을 든 채 다가오는 모습이 보였다. 겁에 질린 궁녀들이 중전 민씨를 에워싼 채 벌벌 떨며 서 있었다.

"여우는 어디 있느냐? 어서 말해!"

무사들은 궁녀들을 마구잡이로 때리고 칼을 휘둘렀다. 궁녀들의 비명 소리가 궁궐 가득 메아리쳤다.

"여우가 여기 있었군!"

결국 중전 민씨를 찾아낸 무사들은 왕비를 붙잡아 넘어뜨렸다.

일본 무사의 긴 칼이 중전 민씨에게 향했다.

"네 이놈, 감히 조선의 왕비를!"

"잘 가거라, 에잇!"

칼에 맞은 중전 민씨는 피를 흘리며 쓰러졌다.

"전하…… 부디 이 나라를 지키시옵소서! ……척아, 내 아들, 부디 굳건하게 살아남거라……."

중전 민씨는 고종과 세자를 부르며 눈을 감았다. 중전 민씨는 그렇게 일본인들의 손에 잔인하게 숨을 거두었다.

무사들은 중전 민씨의 시신을 불태웠다. 슬프고도 안타까운 '을미사변'이 일어난 날이었다.

"중전! 중전!"

"어마마마, 어마마마!"

중전의 죽음을 알게 된 고종과 세자는 피눈물을 흘렸다. 대원군

역시 바닥을 치며 소리 내어 울었다.

"이놈들아, 어찌 한 나라의 왕비를 이토록 무자비하게 죽인단 말이냐!"

한편 중전 민씨를 죽인 일본은 모든 일이 대원군과 훈련대가 꾸민 것이라고 거짓 발표를 했다. 하지만 이미 궁궐에는 많은 목격자들이 있었다. 조선에 머물며 러시아 공사관을 설계하고 후에 덕수궁 중명전과 손탁호텔 등을 설계한 러시아인과 시위대 교관인 미국 장군이었다. 그들은 조선의 왕비를 죽인 범인이 일본이라는 걸 전 세계에 알렸다.

타오르는 불길

"일본 놈들 손에 중전마마가 돌아가셨다!"

"국모*를 죽이다니! 가만둘 수 없다!"

중전 민씨의 죽음이 알려지자 백성들은 궁궐 앞에 모여 슬피 울

* 국모: 임금의 아내나 임금의 어머니를 이르던 말.

었다. 일본에 대한 백성들의 분노는 하늘을 찌를 듯 했지만 이미 일본은 모든 권력을 쥐고 조선을 제 나라처럼 흔들어댔다. 그리고 을미사변이 일어난 지 3개월 뒤 단발령을 발표했다. 백성들 중 성인 남자들의 머리카락을 짧게 자르도록 명령한 것이었다.

"부모님에게서 물려받은 머리카락을 자르는 건 있을 수 없는 일이다!"

"차라리 내 목을 잘라라. 머리카락은 내줄 수 없다!"

당시 조선 사람들은 머리카락을 자르는 것도 부모님이 주신 신체를 훼손하는 일로 여겼다. 그래서 백성들은 너도나도 단발령에 반대하며 시위했다.

하지만 일본은 거리를 돌아다니는 사람들을 붙잡아 강제로 상투를 싹둑싹둑 자르기 시작했다.

"아이고오, 아이고오!"

상투가 잘린 사람은 그 자리에 주저앉아 큰 소리로 슬프게 울었다.

"안 되겠다! 이대로 당할 순 없다."

"일본군을 조선 땅에서 몰아내자!"

왕비의 죽음과 단발령에 분노한 백성들은 일본에 맞서 싸우기 위해 전국 방방곡곡에서 들고일어났다.

  그 무렵, 고종은 경복궁에 갇혀 하루하루 슬픔과 불안을 견디고 있었다.

'궁궐 어디에나 일본 관리와 친일파 신하들뿐이니 음식조차 마음 놓고 먹을 수 없다. 언제 저들이 왕비에게 했던 것처럼 나와 세자에게도 잔인하고 포악한 짓을 저지를지 모른다.'

고종은 중전이 죽임을 당한 뒤 아무도 믿을 수가 없었다. 그래서 중전의 주치의로 조선에 와 있던 미국인 의사와 선교사, 외국 공사가 보내 온 음식으로 끼니를 때우고 있었다.

그러자 몇몇 신하들과 러시아 공사는 고종을 안전한 러시아 공사관으로 옮길 계획을 세웠다. 일본이 방해할 수 없도록 비밀리에 준비했다. 1896년 2월, 마침내 고종과 세자는 몰래 경복궁을 빠져나와 러시아 공사관으로 향했다.

무사히 러시아 공사관에 도착한 고종은 중전 민씨의 죽음을 다시 떠올렸다.

"중전, 내 꼭 이 나라 조선을 새로운 나라로 만들 것이오."

고종은 뜨거운 눈물을 흘리며 다짐하였다.

그 다짐은 억울하게 죽은 왕비를 위한 일만은 아니었다. 자신과 모든 조선의 백성들을 위한 다짐이었다. 고종은 먼저 제멋대로 나라를 쥐고 흔드는 친일파부터 없애야겠다고 생각했다.

"당장 조정의 친일파들을 잡아서 처형하라!"

고종의 목소리가 러시아 공사관에 울려 퍼졌다.

을미사변 이후 경복궁에 갇혀 있던 것이나 다름없던 고종이 러시아 공사관으로 무사히 거처를 옮기고 친일파들을 처단하라는 명령을 내렸다는 사실은 금세 백성들 사이에 퍼졌다. 일본이 고종마저 해칠까 염려해 아무것도 하지 못했던 백성들은 이제 안심하고 일본에 맞섰다.

"국모를 죽인 일본 놈들이 저기에 있다!"

분노한 백성들이 여기저기서 들고일어났다.

김홍집을 비롯한 친일파 신하들이 성난 백성들에게 죽임을 당했다. 다른 친일파 신하들은 허둥지둥 일본으로 도망쳤다.

고종은 이번에는 러시아, 미국과 가까이 지낼 것을 주장하던 신하들에게 벼슬을 내렸다. 또한 대원군을 집 밖으로 한 발짝도 나오지 못하게 했다.

"아아, 그동안 내가 한 일은 모두 조선을 위해서였다. 왕실의 권위를 바로 세우고자 경복궁을 다시 짓고, 힘없는 조선이 힘센 나라들의 손아귀에 들어갈까 염려하여 통상 수교 거부 정책을 편 것인데. 그런 내 생각이 틀렸던 것일까? 어째서 나는 중전과 서로 힘을 합해 조선을 이끌어 나가지 못했던 것일까? 이 모든 것이 후회스럽구나!"

대원군은 옛일을 생각하며 눈물을 흘렸다.

러시아 공사관에서 1년을 보낸 고종은 1897년 덕수궁으로 돌아왔

다. 그러고는 그해 10월 모든 신하들을 거느리고 황제 즉위식을 열었다.

"이제 조선은 대한 제국으로 다시 태어났다!"

고종은 새 나라 '대한 제국'을 선포했다. 왕비의 안타까운 죽음을 딛고 이룬 새로운 나라였다. 이제 고종은 황제가 되었다. 고종의

황제 즉위와 함께 죽은 중전 민씨도 '황후'의 칭호를 받고 명성 황후로 불리게 되었다.

고종은 2년이 지나도록 미뤄 왔던 황후의 장례를 치렀다.

장례 행렬은 성대했다. 옛날 군복과 신식 군복을 입은 군사들과 신하들, 궁녀들과 내관들, 가마꾼 등 수천 명에 이르는 사람들이 줄을 지었다. 그중에는 외국 공사들도 있었다.

"황후마마가 떠나신다. 어서 우리도 예를 갖추자."

흰옷을 입은 백성들도 길에 나와 울며 절하였다.

마침내 일꾼들이 명성 황후의 상여*를 메고 걷기 시작했다. 그 뒤를 고종 황제와 황태자가 따랐다.

"황후, 부디 잘 가시오!"

고종 황제는 눈물을 흘리며 명성 황후와 작별했다. 한편 집에 갇혀 있던 대원군도 명성 황후의 장례가 끝났다는 소식을 들었다.

"황후마마, 부디 저 세상에서는 모든 걸 내려놓고 편히 쉬시오."

그즈음 대원군은 병이 들어 시름시름 앓으며 자리에 누워 지냈다.

"다 지나갔구나, 다 지나갔어……."

* 상여: 사람의 시체를 실어서 묘지까지 나르는 도구.

대원군은 먼 곳을 바라보며 중얼거렸다.

"아버지, 어서 드시고 기운을 차리셔야지요."

흥선 대원군의 큰아들이 숟가락으로 죽을 떠 주며 말했다.

하지만 대원군의 병은 하루가 다르게 깊어만 갔다. 그러던 어느 날 대원군은 큰아들에게 말했다.

"내가 죽기 전에 주상을 뵙고 싶구나. 내 아들 명복이를……."

대원군은 마치 고종 황제를 기다리듯 궁궐 쪽을 하염없이 바라보았다. 하지만 끝내 아들 고종과 다시 마주하지 못한 채 눈을 감았다.

'황후도 아버지도 다 떠났구나. 이제 나 혼자 어찌해야 할까?'

고종 황제의 마음이 무너져 내렸다.

1905년, 러시아와의 전쟁에서도 승리한 일본은 점점 더 기고만장해졌다. 이젠 서양 열강들도 부쩍 힘이 세진 일본을 무시하지 못할 지경이었다.

"저들이 점점 우리의 숨통을 조여 올 텐데 어찌하면 좋겠소?"

"일본은 우리나라를 보호국으로 삼으려 합니다."

"어떻게든 그걸 막아야 하지 않겠소?"

고종 황제는 안타까운 마음으로 조정 대신들을 바라보았다. 하지만 누구 하나 제대로 된 대답을 내놓지 못했다. 그러는 사이 일본은 대한 제국을 집어삼킬 준비를 착착 하고 있었다.

1905년 11월, 일본 관리 이토 히로부미는 일본 왕의 편지를 가지고 찾아와 고종 황제를 윽박질렀다.

"우리 일본과 대한 제국의 평화를 위해 회의를 열 테니 따르시기 바랍니다."

궁궐에서 회의가 열렸다. 궁궐 주변에는 무장한 일본 군인들이 살벌한 분위기를 만들며 지키고 서 있었다.

"나는 그 자리에 나가지 않겠다!"

고종 황제는 일본의 속내를 눈치채고 회의에 나가지 않았다. 당황한 이토 히로부미와 일본군 사령관이 몇 번이나 설득하러 왔지만 고종 황제는 꿈쩍도 하지 않았다.

"음, 그렇다면 할 수 없다!"

이틀 뒤, 고종 황제가 참석하지 않은 채 회의가 열렸다. 그 자리에는 대한 제국의 한규설, 민영기, 이하영, 이완용, 이근택, 이지용, 박제순 등의 대신들이 참석했다.

"고종 황제 대신 여기 모인 대신들이 서명하는 것으로 조약을 맺으려 하오. 어서 서명하시오!"

이토 히로부미와 일본군 사령관은 대신들에게 서명을 강요했다. 대한 제국의 외교권을 일본에 넘긴다는 서약이었다.

"우리 황제 폐하의 허락 없이는 서명할 수 없다!"

한규설과 민영기가 반대하고 나섰다. 그러자 일본은 위협적인 분위기를 만들어 박제순, 이지용, 이근택, 이완용, 권중현을 따로 불러 조약을 맺었다.

"내가 도장을 찍지 않았으니 이건 무효이다!"

고종 황제는 이 조약이 억지로 맺은 '을사늑약'이라며 받아들이지 않았다. 그러고는 1907년, 이준, 이상설, 이위종 세 사람의 특사*를 네덜란드 헤이그로 보냈다. 그곳에서 열리는 만국 평화 회의에 참석하여 을사늑약의 부당함을 폭로하고 세계 여러 나라에 도움을 요청할 생각이었다.

그러나 그것마저 일본의 방해로 실패하고 말았다.

"에잇! 황제를 그냥 둬선 안 되겠다."

---

* 특사: 특별한 임무를 띠고 외국에 보내는 사절.

 일본은 헤이그에 특사를 보낸 책임을 물어 고종 황제를 황제의 자리에서 내쫓았고 황태자를 임금의 자리에 앉혔다. 바로 조선 제27대 국왕이자 대한 제국의 마지막 황제인 순종이었다.

 그 후 1910년 8월 29일. 일본은 대한 제국을 일본의 식민지로 삼는 한일 병합을 밀어붙였다. 대한 제국의 국권을 빼앗아 일본의 종속국이 되게 한 것이었다.

"아아, 나라가 망했구나. 조선 왕조 500년 역사가 하루아침에 무너지고 말았다!"

고종은 피눈물을 흘리며 가슴을 쳤다. 살아 있는 것이 하루하루 가슴이 찢어지는 고통이었다.

그러던 1919년 1월, 고종은 궁녀가 준 식혜를 마시고 갑작스레 세상을 떠나고 말았다.

조선 말기, 여러 나라의 압박 속에서 서로 다른 길을 선택한 명성 황후와 흥선 대원군, 그리고 고종은 그렇게 바람 앞의 등불과 같은 조선을 끝내 지키지 못하고 눈을 감았다.

하지만 조선의 백성들은 포기하지 않았다. 고종 황제의 장례식을 이틀 앞둔 1919년 3월 1일, 뜻을 함께한 사람들이 서울 태화관에 모여 '독립 선언서'를 낭독했다. 탑골 공원에 모인 사람들은 저마다 태극기를 들고 거리로 뛰쳐나왔다.

"만세! 대한 독립 만세!"

만세 소리는 전국 방방곡곡으로 들불처럼 퍼져 나갔다. 놀란 일본군들이 총칼로 사람들을 마구 죽이고 감옥에 가두었다.

하지만 아무리 죽이고 감옥에 가두어도 독립운동가와 의병들은

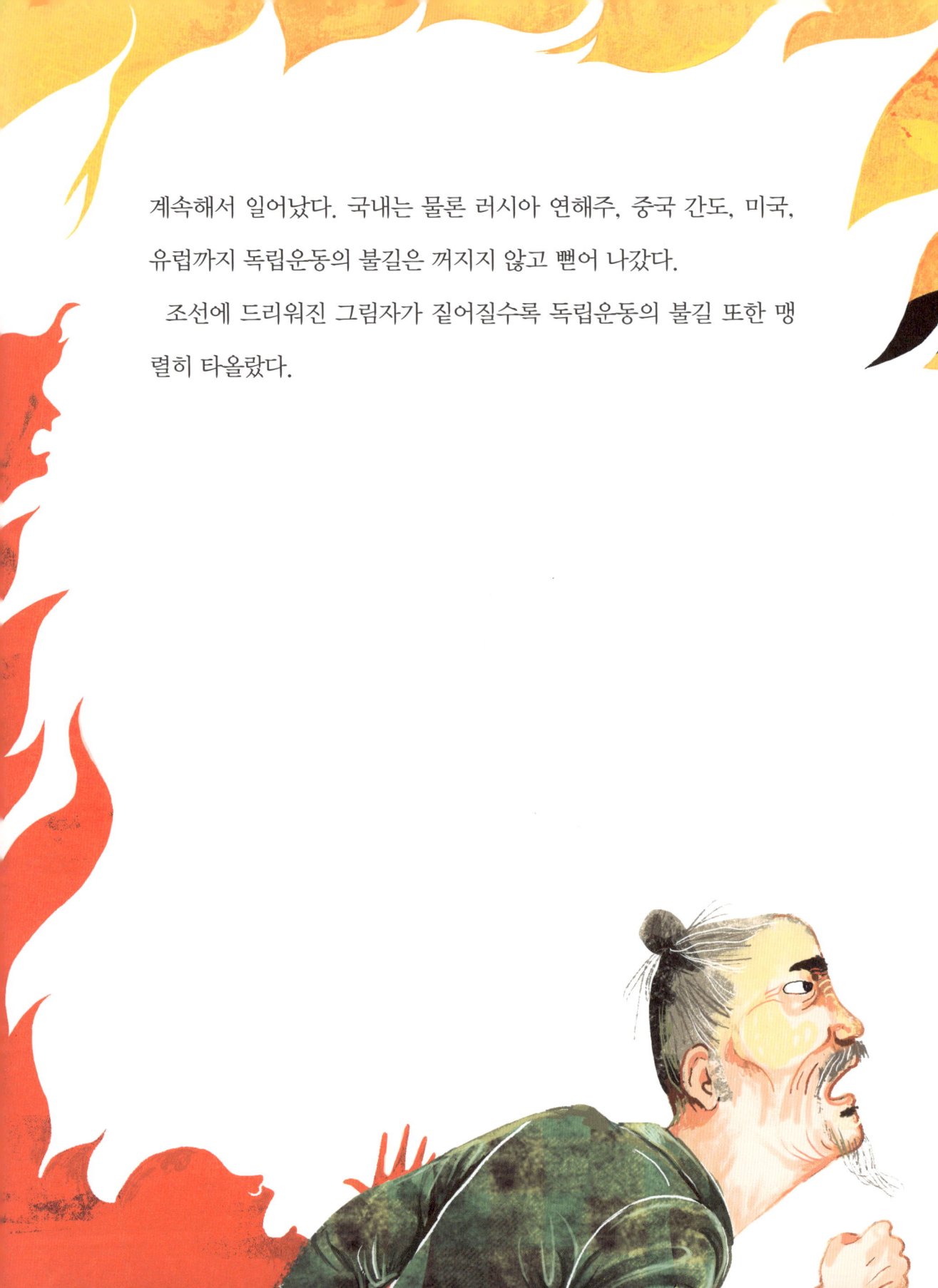

계속해서 일어났다. 국내는 물론 러시아 연해주, 중국 간도, 미국, 유럽까지 독립운동의 불길은 꺼지지 않고 뻗어 나갔다.

　조선에 드리워진 그림자가 짙어질수록 독립운동의 불길 또한 맹렬히 타올랐다.

인물의 발자취를 찾아 떠나는 여행

　같은 분야에서 서로 비슷한 실력으로 경쟁하는 두 사람을 라이벌이라고 해요. 역사 속에도 수많은 라이벌들이 등장합니다. 조선 말, 흥선 대원군과 명성 황후는 단순한 시아버지와 며느리의 관계를 넘어 정치적인 라이벌이었어요.
　대원군이란 자신은 왕이 되지 못했지만 아들이 왕이 된 사람을 뜻해요. 조선 시대의 대원

군 중 흥선 대원군만이 유일하게 살아생전에 아들이 왕위에 올랐지요. 어린 고종이 왕위에 오른 후, 10년 동안 흥선 대원군이 대신해서 나랏일을 결정했어요. 그리고 그후에는 명성 황후와 민씨 세력의 정치가 이어졌지요.

당시는 서양의 힘센 나라들이 자신들의 이익을 위해 조선에 문호를 개방하라고 압박하던 시기였어요. 그런 상황 가운데 흥선 대원군과 명성 황후는 서로 다른 선택을 했어요.

흥선 대원군은 외국과의 통상 수교 거부 정책을 폈어요. 조선을 지키기 위해서는 나라의 문을 걸어 닫는 통상 수교 거부 정책을 실시해야 한다고 생각했지요.

반대로 명성 황후는 일본과 강화도 조약을 맺고 세 군데 항구의 문을 열어요. 국제 관계에 눈치 빠르게 대응한 명성 황후는 일본, 중국, 러시아 등 주변 국가를 이용해서 권력을 유지하려 했어요.

이렇게 서로 다른 입장을 가졌던 조선의 두 지도자는 임오군란과 갑신정변, 을미사변 등 역사적인 사건이 있을 때마다 대립했어요. 나라가 바람 앞의 등불과 같이 위태로웠던 조선 말기, 권력을 둘러싸고 밀고 당기기를 하던 두 사람의 발자취를 따라가 봐요.

▲ 고종 어진 ⓒ 국립중앙박물관

흥선 대원군의 꿈이 이루어진 운현궁

▲ 운현궁 노안당 ⓒ 국가유산청

서울특별시 종로구 운니동에 있는 운현궁은 흥선 대원군의 집으로 고종이 태어나서 왕이 되기 전 어린 시절을 보낸 곳이에요. 고종이 왕이 된 후에 운현궁이라고 불리기 시작했어요. 지금은 규모가 많이 작아졌지만, 원래는 궁궐만큼이나 규모가 크고 화려했다고 해요. 게다가 창덕궁에서 운현궁 사이에 흥선 대원군이 이용하던 전용 통로까지 마련되어 있었지요. 고종이 처음 왕이 되었을 당시, 나이가 너무 어렸기 때문에 흥선 대원군은 어린 아들 대신 자신이 직접 나라를 다스렸어요. 그렇게 운현궁을 무대로 정치를 주도했지요.

▲ 척화비 ⓒ 국립중앙박물관

흥선 대원군은 통상 수교 거부 정책을 펼쳤어요. 나라의 문을 걸어 잠그고 외국과 교류를 하지 않는다는 뜻이지요. 흥선 대원군은 조선 땅 200여 곳에 이런 뜻을 담은 척화비도 세웠지요. 현재 운현궁에도 전시용으로 만든 척화비가 세워져 있어요.

명성 황후의 왕비 수업과 고종과의 가례(혼례) 역시 운현궁에서 이루어졌답니다.

명성 황후가 태어난 곳, 여주 명성 황후 생가

경기도 여주에 위치한 명성 황후 생가 유적지는 명성 황후가 여덟 살까지 살던 집이에요. 특별히 힘 있는 집안의 딸을 며느리로 삼지 않으려 했던 흥선 대원군의 뜻에 따라 고래등 같은 기와집은 아니었어요. 명성 황후가 조선 제19대 왕 숙종의 왕비인 인현 왕후의 후손이라고는 하지만 쇠락하고 가난한 집안 출신이라 생가의 규모는 작고 아담해요.

명성 황후는 여덟 살에 아버지가 돌아가시자 어머니와 함께 서울의 감고당에서 살았어요. 감고당은 인현 왕후의 친정집이었지요. 이후 명성 황후는 열다섯 살에 고종의 왕비가 될 때까지 감고당에서 생활하지요. 하지만 현재 감고당은 경기도 여주의 명성 황후 생가 옆으로 옮겨져 복원되어 있어요. 원래 서울 안국동에 있었지만 우여곡절을 겪으며 이곳으로 옮겨지게 되었지요. 명성 황후 생가 옆에는 명성 황후 기념관이 자리잡고 있으며 고종이 직접 글씨를 쓴 비석이 세워져 있어요.

▶ 명성 황후 옥보(도장) ⓒ 국립중앙박물관

▲ 명성 황후 생가 유적지 ⓒ 국가유산청

왕실의 권위를 보여 준 경복궁

임진왜란으로 궁궐들이 불에 타 버린 후 광해군은 창덕궁, 창경궁 등을 다시 짓는 데 힘을 쏟았어요. 그런데 경복궁만은 오랜 세월 폐허로 남겨졌지요. 고종이 왕위에 오른 후 흥선 대원군은 왕권 강화를 위해 경복궁을 다시 짓기 시작합니다. 부족한 목재는 경희궁의 건물을 헐어서 가져왔고 강제로 기부금을 받거나, 고액 화폐인 당백전을 발행해서 물가 상승을 부추기기도 했어요.

당시 경복궁을 다시 짓는 과정이 백성들에게 얼마나 고되고 힘들었는지는 〈경복궁타령〉이라는 노랫말에 잘 드러나 있어요. 가사에는 우두머리인 목수가 갈팡질팡한다거나 석수가 눈만 끔뻑거린다는 내용 등이 담겨 있어 당시 현장 사람들의 불만을 보여 주고 있지요.

조선 초기의 경복궁이 검소한 공간이었다면, 새롭게 지어진 경복궁은 왕실의 권위를 높이고 흥선 대원군의 야망을 보여 주는 공간으로 재탄생했어요. 하지만 경복궁을 다시 짓는 일로 양반과 백성 모두에게 원성을 산 흥선 대원군이 권좌에서 물러나게 되는 계기가 되었지요.

이후 경복궁은 명성 황후가 일본인들에 의해 죽임을 당한 사건인 을미사변이 일어나기 전까지 조선 정치의 중심지 역할을 합니다.

▲ 경복궁 근정전 ⓒ 국가유산청

▲ 경복궁의 정문 광화문 ⓒ 셔터스톡

덕수궁과 정동 주변에 들어선 근대 유적지들

덕수궁은 원래 조선 제9대 왕 성종의 형인 월산 대군의 집이었어요. 그런데 임진왜란으로 궁궐이 불에 타 거처할 곳이 없어진 선조가 이곳에 머무르면서 정릉 행궁이 되었다가 광해군 때에 이르러 경운궁이라는 이름을 얻게 됩니다.

역사적으로 중요해진 것은 고종의 아관 파천 이후부터입니다. 경복궁을 떠나 러시아 공사관에 머무르던 고종은 대한 제국을 세우면서 경운궁을 황궁으로 삼았어요. 무엇보다 러시아, 미국, 영국, 프랑스 등 외국 공사관이 근처에 있었기 때문이에요. 언제 들이닥칠지 모르는 일본의 위협에서 벗어나 서양 세력의 도움을 받기에 가장 좋은 위치라고 생각했던 거죠. 이후 작고 초라했던 경운궁에

▲ 덕수궁의 정문 대한문 ⓒ 국가유산청

▼ 덕수궁 중화전 내부 ⓒ 국가유산청

는 동서양의 건축 양식이 융합된 다양한 형태의 건물이 지어졌어요. 하지만 휘몰아치는 조선의 역사를 함께한 비운의 궁이 되었어요. 1905년 을사늑약이 강제로 체결된 곳도, 고종이 퇴위당하고 순종이 즉위한 곳도 이곳 경운궁이었지요. 순종이 즉위하고 고종이 이곳에 머무르면서 덕을 높이고 오래 장수하라는 의미의 '덕수궁'이라는 이름으로 불리게 되었답니다.

덕수궁 주변은 근대 역사를 간직한 곳으로 '정동근대역사길'이라는 탐방로가 만들어져 있어요. 대한 제국의 중심이 되었던 거리를 걸으며 개화기의 근대 유적지들을 살펴보세요.

▼ 덕수궁과 정동 지도

덕수궁 석조전
© 국가유산청

대한 제국의 대표적인 서양식 건물로 그리스 로마 시대의 건축물을 모방해서 균형과 대칭의 미를 조화롭게 보여 주고 있어요.

덕수궁 정관헌

© 국가유산청

전통 지붕에 서양식 기둥을 한 독특한 건축물이에요. 러시아 건축가인 사바틴이 설계한 것으로 초기 서양식 건물의 모습을 보여 주지요.

덕수궁 중명전

© 국가유산청

1905년 을사늑약이 강제로 체결된 아픈 역사를 간직한 장소예요.

옛 러시아 공사관

© 국가유산청

을미사변으로 위협을 느낀 고종은 러시아 공사관으로 피신해 생활했어요. 현재는 건물의 일부인 탑만 남아 있어요.

배재 학당 역사 박물관

© 게티이미지코리아

미국의 선교사 아펜젤러가 세운 배재 학당. 지금은 동관 건물이 역사 박물관으로 사용되고 있어요.

황궁우

© 국가유산청

고종이 대한 제국을 선포했던 환구단 터에는 현재 황궁우 건물만 남아 있어요.

남양주 홍릉과 흥원

▲ 고종과 명성 황후의 무덤 남양주 홍릉 ⓒ 국가유산청

▲ 흥선 대원군의 무덤 흥원 ⓒ 게티이미지코리아

경기도 남양주에 위치한 홍릉은 대한 제국의 황제인 고종과 명성 황후의 무덤입니다. 고종이 1897년 대한 제국을 선포하고 황제가 되면서 이전의 조선 왕들의 무덤과는 다르게 만들어졌어요. 중국 명의 황제릉을 따라 만들어진 이 무덤은 황제의 칭호에 걸맞게 황금색으로 문을 칠했고, 기린, 코끼리, 해태, 사자 등의 수석을 두었어요. 명성 황후의 능은 원래 서울 청량리에 있다가 1919년 고종의 무덤과 합쳐졌어요.

흥선 대원군의 묘는 경기도 고양시에서 경기도 파주시로 옮겨졌다가 경기도 남양주시의 지금 자리로 옮겨졌어요. 흥선 대원군의 무덤 주변에는 흥선 대원군의 자녀와 가족들의 납골묘가 있어요.

인천에 들어선 근대 유적지들

인천시 중구 송학동과 중앙동 일대에는 조선 시대 말에 만들어진 근대 문화 유적지들이 있어요. 흥선 대원군은 나라의 문호를 개방하지 않으려고 했지만, 다른 나라와 교류하는 것

▲ 인천에 설치된 일본과 청의 청일 조계지 경계 계단 © 국가유산청

은 막을 수 없는 큰 흐름이었죠. 덕수궁 주변에서 왕과 지배 계층의 새로운 근대 문물 도입 과정을 보았다면, 우리나라에 찾아온 외국인들의 삶을 잘 들여다볼 수 있는 곳은 인천 개항장 주변입니다.

 1876년 강화도 조약으로 부산, 원산, 인천에 개항장이 만들어졌어요. 여러 나라의 사람들이 이곳으로 드나들면서 외국인 거주지가 생겨났지요. 외국이 직접 행정권과 경찰권을 행사하던 곳을 조계라고 해요. 중국 조계 지역이 오늘날의 차이나타운입니다. 일본 조계 지역에는 개항장 역사 문화의 거리가 생겨났지요. 그리고 각국의 조계가 있던 지역에는 우리나라 최초의 서양식 공원인 자유공원이 만들어졌어요. 이곳에서는 아직도 당시의 모습을 간직한 근대식 건물의 색다른 모습을 볼 수 있지요.

▼ 인천 차이나타운 © 셔터스톡

인물 연표

◆ 흥선 대원군·명성 황후

1863 고종이 조선의 제26대 임금으로 즉위하고 아버지 흥선 대원군이 나랏일을 돌보기 시작해요.

1866 프랑스 함대가 강화도를 침략한 병인양요가 일어나요. 민자영(명성 황후)이 왕비가 되었어요.

1871 미국 군함이 강화도를 공격한 신미양요가 일어납니다.

1896 고종과 세자가 러시아 공사관으로 거처를 옮깁니다.

1895 명성 황후가 일본인들에게 죽임을 당하는 을미사변이 일어나요.

1894 전라도 고부를 시작으로 동학 농민 운동이 일어납니다. 이어 조선 땅에서 청일 전쟁이 일어납니다.

1897 고종이 대한 제국 수립을 선포하고 황제가 됩니다.

1898 흥선 대원군이 세상을 떠나요.

1872
흥선 대원군이 주도한 경복궁 중건 사업이 마무리되었어요.

1876
조선과 일본이 강화도 조약을 체결해요.

1884
급진 개화파가 갑신정변을 일으켜요.

1882
임오군란이 일어나고 명성 황후가 피신했어요.

1905
일본이 대한 제국의 외교권을 강제로 빼앗은 을사늑약이 체결됩니다.

1907
고종이 네덜란드 만국 평화 회의에 헤이그 특사를 보냅니다.

1919
고종이 덕수궁에서 생을 마칩니다.
3·1 운동이 전국에서 일어납니다.

찾아보기

가례	88
감고당	89
갑신정변	29, 36, 38, 43, 44, 49, 66, 87, 97
강화도 조약	16, 95, 97
개항장	95
개화	19, 33, 34
경복궁 근정전	90
경우궁	37, 38
광화문	63, 90
국모	70, 75
권세	24
권좌	90
남양주 홍릉	94
단발령	71
대비	12
대한문	91
덕수궁	70, 76, 91, 92, 93, 95, 97
덕수궁 석조전	93
덕수궁 정관헌	93
덕수궁 중명전	70, 93
덕수궁 중화전	91
독립 선언서	83
동학	49
배상금	44
배재 학당	92, 93
별기군	19, 21, 22
상소	9
생가	89
수교	10, 16, 26, 75, 87, 88
아관 파천	91
어진	87
역모	58, 59

옥보	89
외교권	81, 97
운현궁	18, 23, 45, 63
을미사변	68, 71, 74, 87, 90, 93, 96
을사늑약	81, 92, 93, 97
의병	83
임오군란	22, 37, 49, 67, 87, 97
임진왜란	90, 91
자유공원	95
전봉준	49, 52, 54, 55
정동	91, 92
조계지	95
차이나타운	95
척화비	10, 11, 88
청일 전쟁	52, 55, 62, 96
톈진 조약	44, 50
통상	75, 87, 88
특사	81, 82, 97
한성 조약	44
행궁	91
혼례	63, 88
화승총	16
환구단	93
황궁우	93
훈련대	62, 70

저물어 가는 조선, 두 개의 그림자

초판 1쇄 발행 2024년 07월 01일

글 이규희 **그림** 원유미
발행처 주식회사 스푼북 **발행인** 박상희 **총괄** 김남원
편집 길유진 김선영 박선정 김선혜 권새미
디자인 이지숙 권수아 정진희 **마케팅** 구혜지 박미소
출판신고 2016년 11월 15일 제2017-000267호
주소 (03993) 서울시 마포구 월드컵북로 6길 88-7 ky21빌딩 2층
전화 02-6357-0050(편집) 02-6357-0051(마케팅)
팩스 02-6357-0052 **전자우편** book@spoonbook.co.kr

ⓒ 이규희, 원유미 2024
ISBN 979-11-6581-544-8 (73910)

* 저작권법에 의하여 한국 내에서 보호 받는 저작물이므로 무단 전재와 무단 복제를 금합니다.
* 잘못 만들어진 책은 구입하신 곳에서 바꾸어 드립니다.

제품명 저물어 가는 조선, 두 개의 그림자
제조자명 주식회사 스푼북 | **제조국명** 대한민국 | **전화번호** 02-6357-0050
주소 (03993) 서울시 마포구 월드컵북로6길 88-7 ky21빌딩 2층
제조년월 2024년 07월 01일 | **사용연령** 10세 이상
※ KC마크는 이 제품이 공통안전기준에 적합하였음을 의미합니다.

⚠ 주 의
아이들이 모서리에 다치지 않게 주의하세요.